Inhalt

E-Sourcing

Kernthesen

Beitrag

Fallbeispiele

Weiterführende Literatur

Impressum

GENIOS WirtschaftsWissen Nr. 09/2004 vom 06.09.2004

E-Sourcing

I.Zeilhofer-Ficker

Kernthesen

- Trotz unbestrittener Vorteile nutzen in Deutschland erst wenige Unternehmen die Werkzeuge des E-Sourcing.
- Neben Einstandspreisminderungen sind vor allem die signifikanten Einsparungen bei den Prozesskosten Gründe, die für den Einsatz von E-Sourcing sprechen.
- Anders als häufig angenommen, bedeutet der Einsatz von E-Sourcing nicht, dass Verhandlungen mit den Lieferanten überflüssig werden.
- Sowohl Kunden als auch Lieferanten, die bereits Erfahrung auf dem Gebiet E-Sourcing gemacht haben, sind von den Möglichkeiten und dem Ablauf durchwegs positiv angetan.

Beitrag

Sowohl in der Industrie als auch im Handel und den Dienstleistungsunternehmen erfreuen sich die Werkzeuge der elektronischen Beschaffung wachsender Beliebtheit. Beim Einsatz von E-Sourcing-Applikationen, also elektronischen Ausschreibungen und Auktionen, zeigen sich die deutschen Unternehmen aber noch sehr verhalten. Selbst Großunternehmen, die schon einige Erfahrungen mit elektronischen Ausschreibungen und Auktionen sammeln konnten, wickeln erst zwischen unter 15 bis höchstens 25 Prozent ihres Beschaffungsvolumens über E-Sourcing ab. [(1)](), [(2)]()

Möglichkeiten von E-Sourcing

In vielen Einkaufsabteilungen herrscht noch immer die Meinung vor, nur einfache Standardartikel wie Bleistifte oder Schrauben könnten - entsprechende Mengen vorausgesetzt - erfolgreich über elektronische Ausschreibungen und Auktionen beschafft werden. Wie neueste Beispiele zeigen, ist diese Meinung allerdings überholt. Von Produktionsanlagen über Drucksachen, von Reinigungs- und Serviceleistungen bis zu ganzen

Flugzeughallen reichen die Fallbeispiele, die das erfolgreiche elektronische Sourcing belegen. Allerdings befindet sich das E-Sourcing bisher in den meisten Branchen noch in der Orientierungs- und Aufbauphase. (2), (3), (4)

E-Ausschreibung

Voraussetzung für eine erfolgreiche elektronische Ausschreibung und/oder Auktion sind umfangreiche und präzise Vorarbeiten. Das heißt, das Produkt bzw. die Leistung, die eingekauft werden soll, muss im Detail spezifiziert und beschrieben werden, Mindestparameter sind zu nennen sowie Liefer- und Vertragsbedingungen festzulegen. Bei komplexeren Aufträgen werden Leistungsverzeichnisse erstellt sowie Zielvorgaben festgelegt. (3)

Die Ausschreibung wird dann entweder auf einer eigenen Plattform oder durch einen Ausschreibungsdienstleister veröffentlicht und in Frage kommende Lieferanten werden zur Abgabe eines Angebotes aufgefordert (Request for Quotation RFQ). Da die einzureichenden Angebote (eBiddings) ebenfalls in elektronischer Form und damit in einheitlichem Format abgegeben werden müssen, ist es ein Leichtes, sie zu vergleichen und den leistungsfähigsten Lieferanten auszuwählen. Bei umfangreichen Ausschreibungen kann die automatische Auswertung durch Funktionen der Ausschreibungsplattform wesentlich unterstützt werden. (3)

Diese einfache Vorgehensweise ist allerdings nur für Standardartikel ausreichend. Bei Ausschreibungen von komplexen Lieferumfängen werden in der Praxis während der Angebotsfrist mit allen in Frage kommenden Bietern parallel Verhandlungen geführt, um die Leistungsfähigkeit festzustellen und alle eventuellen offenen Fragen und Punkte abzuklären. Nicht selten resultieren aus diesen Verhandlungen Nachbesserungen der Spezifikationen bzw. der Angebote. (2), (3)

Für komplexe Projekte gibt es daher oft mehrere Ausschreibungsrunden, in denen den Anbietern die Möglichkeit zur preislichen Verbesserung ihres Angebotes gegeben wird. In der letzten Runde bekommt das leistungsfähigste Angebot schließlich den Zuschlag. (3)

Die Abwicklung von E-Ausschreibungen unterscheidet sich im Prinzip nur durch die Nutzung elektronischer Medien von konventionellen Ausschreibungen. Der große Vorteil allerdings ist die einfachere Pflege von einmal erstellten

Spezifikationen sowie die Möglichkeit, diese für spätere Ausschreibungen wieder zu verwenden. Dadurch kann eine wesentliche Einsparung von Prozess- und Transaktionskosten sowie eine schnellere Abwicklung erreicht werden. Ein weiterer Vorteil ist die höhere Transparenz und die Nachvollziehbarkeit des Ausschreibungs- und Vergabeprozesses. Dies ist vor allem für die Ausschreibungen der Öffentlichen Hand von großer Bedeutung. (3), (5), (6)

Viele der erfolgreichsten E-Sourcing-Projekte nutzen E-Ausschreibung und E-Auktion kombiniert. Hier werden alle Details rund um den Auftrag im Vorfeld der Auktion durch Ausschreibung und Verhandlungen festgelegt, im Rahmen der elektronischen Auktion wird nur noch der Preis ermittelt. (2), (4)

E-Auktionen

Je nach Produkt und Marktsituation stehen verschiedene Auktionsmethoden zur Auswahl. Bei der klassischen Englischen Auktion (Reverse Auction oder inverse Auktion) unterbieten sich die potenziellen Lieferanten so lange, bis das niedrigste Gebot ermittelt ist. Der Bieter mit dem niedrigsten

Preis erhält den Auftrag. (7)

Bei der Holländischen Auktion wird bei einem sehr niedrigem Startpreis begonnen, der sich in Einzelschritten so lange erhöht, bis der erste Lieferant den Preis bestätigt. Dieser erste Bieter bekommt den Zuschlag. (7)

Die verschlossene Erstpreisauktion findet vor allem im öffentlichen Sektor Anwendung. Jeder Lieferant reicht sein Preisangebot in verschlossener Form ein. Alle Angebote werden nach Abgabeschluss zur gleichen Zeit geöffnet. Der Bieter mit dem besten Preisangebot erhält den Zuschlag. (7), (8)

Die Wahl der Auktionsform hängt zum einem von der Art des Produktes und zum anderen von der Marktsituation ab. In manchen Fällen wird sogar die Kombination von verschiedenen Auktionsmethoden in getrennten Auktionsrunden zum besten Ergebnis führen. (7)

Warum E-Sourcing

Bei vielen Unternehmen, vor allem im Klein- und Mittelstand, herrscht immer noch die Meinung vor, mit E-Sourcing wolle man einzig den Preis drücken.

Tatsächlich hat sich erwiesen, dass bei der ersten Durchführung einer Auktion meist eine beträchtliche Reduktion des Preises erzielt werden kann. Bei Wiederholungen von Auktionen des gleichen Produktes wird der Preis aber meist nur auf gleichem Niveau bestätigt. (4)

Im Business-to-Business-Geschäft ist der Preis allerdings nicht der Hauptgrund für den Einsatz von E-Sourcing. Die meisten Unternehmen erhofften sich dadurch eine Steigerung der internen Effizienz und Effektivität. Das heißt, die Beschleunigung der Beschaffungsprozesse sowie eine Reduzierung der Prozesskosten wird für wichtiger gehalten, als spektakuläre Preissenkungen. (9)

Es hat sich herausgestellt, dass die Kunden-Lieferanten-Beziehung auch beim E-Sourcing eine wesentliche Rolle spielt. Nach wie vor sind Verhandlungen über alle nicht preisbezogenen Auftragsparameter an der Tagesordnung. Allerdings wird der Einkäufer von der traditionellen Preisverhandlung entbunden, da die Preisfeststellung ausschließlich über die Auktion erfolgt. Der Einkäufer kann sich also ganz auf strategische Aufgaben wie die Beurteilung der Lieferanten- oder Marktsituation sowie die detaillierte Vorbereitung von Auktionen konzentrieren. (2)

Neben diesen Vorteilen von E-Sourcing ist sicher auch die gesteigerte Transparenz des Vergabeprozesses ein Kriterium, das zu mehr Vertrauen und dadurch zu einer Verbesserung der Geschäftsbeziehung führen kann. (2), (9)

Fallbeispiele

Die De-Te-Immobilien hat die Vergabe der Reinigung von über 5000 Quadratmeter Bürofläche über E-Sourcing durchgeführt. Die Erstellung der Leistungsverzeichnisse, die Kommunikation mit den Bietern, die Angebotsabgabe sowie die Angebotsauswertung wurde durch die Ausschreibungsplattform FM-Marktforum der Firma AIS Management unterstützt. 65 Anbieter beteiligten sich an der Auktion. Durch Nutzung des E-Sourcing-Tools konnten signifikante Reduzierungen der Reinigungskosten erzielt werden, der Vergabeprozess wurde beschleunigt und die Effizienz erhöht. (3)

Der technische Einkauf der BMW Group führt seit 2001 Auktionen durch. In Testauktionen wurden sowohl Standardprodukte als auch komplexe Projekte ausgeschrieben. Die Einkaufspreisreduzierungen, die durch das E-Sourcing erzielt wurden, schwankten sehr, erreichten in Einzelfällen aber bis zu 15%. Erhebliche Einsparungen ergaben sich allerdings bei den Prozesskosten, vor allem beim kombinierten Einsatz von Online-Ausschreibung (E-RfQ) und Online Reverse Auction. (4)

Die Deutsche Telekom ist einer der E-Sourcing Vorreiter in Deutschland. Nach gründlicher Analyse entschied man sich bei der Telekom für die Softwarelösung der Portum AG. Aufgrund der positiven Erfahrungen mit E-Sourcing bei der Telekom selbst bietet die T-Systems mittlerweile ein komplettes E-Sourcing Portfolio als ASP-Lösung auch für externe Kunden. (11)

Eine komplette Marktübersicht über "Elektronische Beschaffung" ist beim Bundesverband Materialwirtschaft, Einkauf und Logisitk (BME) unter www.bme.de erhältlich. (12)

Die Bundesanstalt für Materialforschung und -prüfung (BAM) hat in Zusammenarbeit mit dem IT-Dienstleister Steria eine eProcurement-Lösung für den öffentlichen Dienst entwickelt. Das System ermöglicht sowohl elektronische Ausschreibungen als auch die komplette elektronische Vergabe unter Einhaltung aller relevanten vergaberechtlichen Vorschriften für die Öffentliche Hand. Die Lösung wurde im Rahmen der Initiative "BundOnline 2005" als Projekt für "Einer für alle" (Efa) angemeldet. Im Rahmen von Efa können Softwarelösungen kostenlos an andere Behörden weitergegeben werden, sofern sich die Software mit geringem Aufwand an die Erfordernisse dieser anpassen lässt. (13)

Weiterführende Literatur

(1) Umfrage Unternehmen NEWS
aus BA Beschaffung aktuell, Heft 6, 2004, S. 24

(2) Elektronische Auktionen in der Beschaffung
Nachhaltige Werttreiber oder Hightech-Spielzeug?
aus BA Beschaffung aktuell, Heft 3, 2004, S. 62

(3) Team Telekom
aus GEBÄUDE-MANAGEMENT 05 vom 20.04.2004
Seite 026

(4) Internet-Auktionen im Technischen Einkauf
Auktionsdesign und Auktionserfolg für unterschiedliche Commodities
aus BA Beschaffung aktuell, Heft 5, 2004, S. 52

(5) Elektronische Beschaffung "Stell dir vor, es ist eVergabe und keiner macht mit!"
aus Government Computing, Heft 03/2004, S. 4

(6) E-Business für produzierende Unternehmen - Teil 2: Fakten, Methoden und Einsatzbeispiele

aus ZWF - Zeitschrift für wirtschaftlichen
Fabrikbetrieb, Heft 6/2004, S. 317-323

(7) Studie von TWS Partners, München, mit
Unterstützung von Prof. J. Weigand, WHU Vallendar
Innovative Vergabeformen im strategischen Einkauf
aus BA Beschaffung aktuell, Heft 6, 2004, S. 46

(8) Rechtliche Grundlagen eVergabe schafft für beide
Seiten mehr Flexibilität
aus Government Computing, Heft 08/2004, S. 16-17

(9) Beschaffung über elektronische Marktplätze -
Intentionen und Probleme kleiner und
mittelständischer Unternehmen
aus Handel im Fokus, Heft 1/2004, S. 31-39

(10) O. V., Wenig Nutzen und große Verunsicherung
der Zulieferer - Covisint - ein 500-Millionen-Dollar-
Flop, Computerwoche, 09.04.2004, Nr. 15, S. 28 - 29
aus Handel im Fokus, Heft 1/2004, S. 31-39

(11) Mit T-Systems und Portum effizient einkaufen
Zuverlässig zum Erfolg
aus BA Beschaffung aktuell, Heft 4, 2004, S. 68

(12) E-Procurement-Anbieter als Marktübersicht
online
aus Maschinenmarkt Logistik Nr. 04 vom 12.07.2004

(13) Public eProcurement - bei der Bundesanstalt für
Materialforschung und -prüfung erfolgreich im
Einsatz Drei-zwei-eins, meins

aus Government Computing, Heft 08/2004, S. 19

Impressum

E-Sourcing

Bibliografische Information der deutschen Nationalbibliothek

Die Deutsche Nationalbibliothek verzeichnet diese Publikation in der deutschen Nationalbibliografie; detaillierte bibliografische Daten sind im Internet über http://dnb.d-nb.de abrufbar.

ISBN: 978-3-7379-1038-5

© 2015 GBI-Genios Deutsche Wirtschaftsdatenbank GmbH, Freischützstraße 96, 81927 München, www.genios.de

Alle Rechte vorbehalten. Dieses Werk ist einschließlich aller seiner Teile – z.B. Texte, Tabellen und Grafiken - urheberrechtlich geschützt. Jede Verwertung außerhalb der Grenzen des Urheberrechtsgesetzes bedarf der vorherigen Zustimmung des Verlags. Dies gilt insbesondere auch für auszugsweise Nachdrucke, fotomechanische Vervielfältigungen (Fotokopie/Mikroskopie), Übersetzungen, Auswertungen durch Datenbanken oder ähnliche Einrichtungen und die Einspeicherung und Verarbeitung in elektronischen Systemen.